प्रकृति प्रगीत

माँ प्रकृति की सौंदर्य संहिता

पूजा महेता

BookLeaf Publishing
India | USA | UK

Made with ❤ on the BookLeaf Publishing Platform
www.bookleafpub.in
www.bookleafpub.com

Dedication

यह कविता-संग्रह मेरा प्रकृति से मौन संवाद का प्रतिक है,
जो मेरे और प्रकृति के संवाद को शब्दालंकार से सज्ज करता है।

समर्पित है –

महादेवी प्रकृति को,
जिसका सामीप्य हमें अखंड हर्ष प्रदान करता है,
जो निरंतर अपने अंतरदेह में आते परिवर्तन को पुलकित दृष्टि से स्वीकार कर,
अपनी अनंत यात्रा में सदैव सृजन विसर्जन करती रहती है।

माँ शारदा के आशीर्वचन से आविर्भावित साहित्य विश्व को,
जो साहित्यकार और कृति के साक्षीभाव है,
जो स्रष्टा के रचनात्मक संस्कारो और भावनात्मक संवेदनाओ को युगो तक जीवंत रखता है।

Preface

माँ प्रकृति, हमारे अस्तित्व का मूल है, अविचल आधारस्तम्भ है, उसका अद्भुत अनंत सौंदर्य, परिवर्तन की रीति और सामंजस्य हमारे लिए प्रेरणा का अनमोल स्रोत है। कभी यह सोचती हूँ की मेरे घर के बिल्पपत्र के पेड़ के सानिध्य में इतनी प्रशाति क्यों है, उक्या उसके पास वह ऊर्जा है जो मुझमें नहीं है। वृक्ष की छाँव, सरिता का खल खल निरन्त बहना, पक्षिओ का नील गगन में विचरना, पर्वत का आदिकाल से स्तब्ध होना— इन सब दैनिक नैसर्गिक घटनाओं का आपस में निर्भर हो कर भी प्रेमपूर्ण घटित होना, मुझे आश्चर्य लोक में ले चलते है। प्राकृतिक सौंदर्य ने मुझे अपने अस्तित्व को समज़ने की प्रेरणा दी, यही काव्य पक्तिओ को रचित करने का विचार स्तंभ बनी। इस प्रगीत पक्तिओ में मैंने निसर्ग के कुछ अंगो जैसे सूर्य, चंद्र, निशा, प्रकाश आदि का एक दूसरे से संयोग को अलंकार के माध्यम से जीवंत करने का प्रयास किया है। हम अधिकतर अपनी व्यस्तता और सामाजिक चिंताओं में उसकी अनुभूति नहीं कर पाते। यह रसात्मक कविताएँ मात्र पर्वत, सागर, नदियों, और पवन का वर्णन नहीं है, किन्तु उनके भीतर छुपे हुए जीवन के गहरे सदेशों को भी प्रस्तुत कर रही है।

मेरी प्रत्याशा है कि यह पुस्तिका आप सर्व साहित्यप्रेमीओ को न केवल नैसर्गिक लावण्य की अद्भुतता से परिचित कराएगी, बल्कि उसके प्रति आपके अंत:करण में प्रेम, सन्मान और संरक्षण की भावना को भी जागृत करेगी। आइए, मेरी अभिभाषी लेखन यात्रा में मेरे साथअनुवाचक बनके चलें, जहाँ

हर पृष्ठ पर प्रकृति का भिन्न स्वरूप समझ में आएगा, हर शब्द में उसका निजभाव अनुभूत होगा।

"प्रकृति स्वयं एक जिवंत कविता है, इसकी अनुभूति जीवन का सुन्दर शाश्वत सत्य है।" - पूजा महेता

Acknowledgements

सर्वप्रथम में उस भाग्यविधाता को नतमस्तक प्रणाम कर कृतज्ञता व्यक्त करती हूँ, जिसने मुझे असीम प्रकृति प्रेम दिया। मैं माता महामाया प्रकृतिका हृदय से आभार व्यक्त करती हूँ, जिसने मुझे अपने अलौकिक सुषमा की गहराई और बहुरूपता के माध्यम से काव्य सृजन का राग दिया। में व्योम, वसुधा, सूर्य, कालचक्र के परिवर्तन के विचारो से मंत्र मुग्ध हो गई।

मैं अपने परिवार और मित्रों की ऋणी हूँ, जिनके धैर्य, समर्थन और प्रोत्साहन ने मुझे सदा उर्ध्व उठने की शक्ति दी। उनकी निस्वार्थ प्रेरणा और आशीर्वाद मेरी कृति का आधारस्तंभ रहा है। मैं अपने पाठक गण का आभार व्यक्त करती हूँ, जिनकी उत्कंठा और प्रेम ही किसी भी रचयिता की कला शक्ति होती है। आशा है, यह पुस्तिका आप सर्व वाचको के हृदय में बसेगी जहाँ स्वयं माँ प्रकृति के प्रति प्रेम आश्रित है।
सदैव आशीर्वाद की प्रार्थी,

साभार,

पूजा महेता

1. माँ प्रकृति - महामाया

महामाया प्रकृति है ब्रह्माण्ड, ब्रह्माण्ड में जीवन जगत,
माँ तेरे चरण रज कण चंदन, दिव्य पवित अंगो से है हम संभूत,
विश्व गति माँ तेरे अंश किण्वन से, गंतव्य तेरा मूल चरित।

माँ प्रकृति सृष्टि में, मूल बीज रूपिणी, गर्भ धारिणी, व्याप है अनंत लोक में ,
फलीभूत मनुष, पंखी, किट - पतंग, मधुप इस बीज से, मनोहर रम्य निसर्ग रंगत,
कल्प करू में, अवनि पर मुग्धकर अरुणप्रिया शीत रजनी, तरुआश्रय में लीन धेनु गौरी।

मुझ मानव तन में उषा से संध्या तक, वसुधा से व्योम तक,
तेरा संचार, भू मंडल कुतूहल तेरे समाधित सारा, तू प्रसार जैव की स्वर्ग सेतु,
नभ में मेघधनूष तू, धरा सज्ज तेरे झरने, कृष, हरे रुक्ष से, नील जलधि जल से।

आत्मा का उद्गार, प्रथम सगुण प्रागट्य, उदार तू न्यौछावर किये रंग राग स्नेह हर लोक में,
मूल व्रुत्ति तू चित्त की, रस भाव तेरे तत्व से, संसार की दृष्टा तू, मेरी द्रष्टि अखिल अधिलोक में तू ,
सार विसार, मोह मुक्ति का साधन तू, जैसे तुंग निश्चल से उतरी रस प्रभाव तरंगिनी।

निहारु क्षीर सागर में डूबी मत्स्य जब, मर्म छवि उत्कट प्रवाह निर्ज़री में विहंग की,
अनंत शून्य व्योम से रविकिरण रिक्त हरी शिखरी वसुधा, कुसुम खिले बीज से, गिरे भू धूल में,
मैं ने जाना प्रकृति ही मनोवृत मेरा, प्रतिकृति हूँ में इस अंतहीन गंगा नीर की, महक अनुराधा की पुष्कर में।

2. पृथिवी

धरित्री,नंदिनी माँ प्रकृति की, पृथिवी अचला तुझसे ही गति है,
तू इस दृश्यमान जगत की गर्भधारिणी, तुझ में ही सर्व रस भाव,
अंबुज, निर्झरी, नील सागर, तरु, पुष्प सब तेरी गोद में पले ।

नदियाँ इसकी शिरोधारा, पर्वत इसका उरोज उन्नत,
वटवृक्ष केश घने मस्तक सोहे, झिल झरने चारु श्रृंगार,
मृग, गजराज, अश्व, गोधन इसके नंदन वन के चराचर।

भू के भीतर भूजल जड़ है इस धन्य धरा की, मातृ मृदा की,
में अधीन तेरी, श्रवण किये हवा के गीत, देखूँ सुमन के रंग, नदियों का उछाल,
माँ भूधरी तेरी प्रेम वर्षा से ,आच्छादित कृषि धान, सौरभित प्रसून वन।

क्यों न देख सके हम दुष्ट मनुष उसकी यह सौंदर्य सृष्टि,
पत्थर पर पत्थर रखके, धान धन की अल्पता कर रहे,
दूषित जल से मत्स्य रूष्ट, न तृण दूर्वा को देख पशु अप्रसन्न।

3. जलामृत

मार्तण्ड से पूर्व, ब्रह्म रचे मेघमंडल प्रथम, तब अमि जलामृत शुष्क धरा धरे,
नारायण शयन भूजल गर्भ में करे, जलपान से हरश्रिंगार पुष्प बने,
तारों और ग्रहों का सृजन जल से, व्योम में वायु आकाशगंगा कहलाए।

जल से सब रस बने, पृथ्वी की जड़ है जल, प्रकृति का तरल भाव नीर कण से,
अरुणदेव की ऊर्जा ने जलबिंदु समेट, दिए श्याम नील नभ को बादल जलभर,
जलसृष्टि सूर्य निहारे, प्रतिबिंब सुंदर स्वयं का देख, पत्नी छाया स्मरण आए।

सरिता लवण ले पृथा से, जल द्रव भर सागर को मिले, खारा जल रामरस कहलाए,
शैल तन पर वारि हिम सख्त स्वरूप, बाष्प बनी मेघपुष्प उर्ध्व वायु मंडल में,
मधुरस फल में जल प्रभुभोज सम, सजीव तन में जल रक्त रूप, वीर्य

रस।

बून्द पानी की अश्रु में, पर्ण पर जलबिंदु मोती विदित, जीवात्मा की तृषा अमृत वृष्टि,
बहता जल सिंधुगामिनी, खल खल नीर निर्ज़री में, स्थिर पय कूप मान सरोवर,
हरियाला शयनाशन सरित से, भू का अमरत्व नीर निलिम्प, जल से ही कल उद्दात्त हमारा।

4. अनंत आकाश

द्युलोक और भूलोक के मध्य **आकाश अनंत**, ब्रह्म की पूर्णता अवकाश में,
वर्ण व्योम शिव भस्मांग सा, घने बादल बने गुंगराले केश गौर गगन के,
तारामंडल, नक्षत्रमणि, नीरव नभ में, नवरत्न जड़ित ओढ़नी लगे निशा की।

हरियाली अचला को साया अवनभ का, पंछी पतंग का पंथ विशाला,
स्वर्ग से माँ शारदा वीणा बजाती, सूर संगीत की गूंज बिखेरे, घूमे नभ श्वेत हंस पर,
सप्त रंगो से ऋतुरोहित हस्ताक्षर किये ,आकाशी श्वेत पत्र पर, जब है सावन की सांज।

मौन बनू स्वप्न सृष्टि बसाऊ, विभूत व्याप प्रशांत आकाश के तले,
सुंदर विस्तार करुँ स्व के मूल भाव का, अक्षोभ,अनुद्वेग हुई देखूँ ध्रुव अचल,
निरंत नीलाकाश को दृष्ट, जग सर्व इसमें पाए अमर्त्य आराम।

5. शांत संध्या

किरणोदय हुआ, प्रभाकर का आह्वान अवनि किये,पंछी की किलकारी से,
मेरी स्वप्नसृष्टि उजाले में विलीन हो गई,मध्याह्न में भयलोक में चलती रही,
कदाचन दिन भी धरा पर विश्राम मांग रहा, पंछी गिलहरियाँ तरु की छाया में खो गए ।

प्रकृति के अचरज आयाम में, कुतूहल सभर पथ पर, निर्मलता का आभास हुआ,
शांत संध्या मुख पर स्मित लेके, केसरी परिधान पहने आभ से उतर रही,
क्या सौम्य मौनी संध्या को देख ही रविराज ने आक्रोश मंद कर कांति समेटी !

सूर्यदेव की विनम्रता, संध्या का सौंदर्य बना, गगन से धरा पर जैसे संज्ञा का निर्मलत्व छाया ।
शीत सोम मंद पवन के संग दिवास्ती, दिनराज को संदेश भेजे, थोड़ा ठहरो मेरे साथ,संवाद करो,

क्षितिज पर सूरज संध्या का दिव्य मिलन देख में सोचू सांज इसीलिए मेरी प्रिय है ।

लौट रहे नभचर गुनगुनाते, प्रशांत कालिन्दी में प्रतिबिंब उसका देख श्वेत हंस नीज आए,
गोधन धूलि रज को उड़ाते,जा रही व्रज विहार, में कल्प करुँ, वेणु कौन बजा रहा,
जलधि तरंग वीणा छेड़े, पत्ता शाखा कुमुद शुद्ध अनुराग किए, संध्या का स्वर लिए।

मोहक गोधूलि, है उदयकाल रजनी का, शांतनगरी की राजमहिषी संध्या,
सौभाग्यशैली माँ प्रकृति का सुंदर मुखारविंद संध्या, न समज पा रही सार इस द्रश्य का,
निःशब्द हूँ संध्या के सौंदर्य को कैसे लिखू , जिसने काले अघोर पर्वत को भी इतनी सुंदरता दे दी।

6. चंचल पवन

पवन, चंचल अवकम्पित परिचपल व्याप है, अवनि से अर्भ तक,
रेशमी समीर तू अवकाश से, वायु मंडल की आभा ले के उतर रहा,
मंद मंद प्रवात, मौसम का सौम्य स्वभाव रख, धूप में दे स्पर्श शांति का।

है अनिल तू मृग वाहन में सवार, गगनचुंबी गिर से उतर, झरने को हँसा रहा,
पंछी, पौधों से वार्ता कर, मिले जब गंगा सागर को, लहरें उठे धीर नीर से,
मंजरी को स्पर्श कर, मधुबन को सुवासित किया, पाया धरा पे स्वर्ग।

ह्रदय प्रेम के मनुस्मृति की गति बन, देने जा रहा आर्य को मेरी चेतना,
न होना तीव्रगामी तू, गिर जाएगी मेरी स्मृति इस तेज़ भगीरथी में,
न करना तू वर्षा से आलाप, भीग जाएगी अनुस्मरणीय पूंजी मेरी ।

प्रतीक्षा कर रहे होंगे वह, वटवृक्ष की छाया में कलम हस्त लिए,

ढूंढ लेना तू उन्हें, पवन चरण चिन्ह से, जो जाते है दूर द्वारिका,
तू करना प्रणाम राघव के पद्मपाद को, देना स्मरण मेरा स्नेह सभर ।

7. एरावती बिजली

नयन कुतूहल सभर निहारे, आकाश में तेज़ प्रकाश की उग्र ध्वनि,
बादलो को कंठ आ गए, वनराज की तरह गर्जना किए, क्षितिज को तोड़े,
पशु पक्षी भीति व्याकुल से, वेग से चले तरु आश्रय ले ने।

प्रकृति के पलभर की विश्रांति में, व्योम में जलधरो का आपस में टकराना,
वैभवी सुंदरी अल्प क्रोश हो, आ रही सौदामिनी एरावती घनघोर रात्रि में,
अचंभा से चक्षु मेरे, ताके गगन पर, क्या ये महादेवी के गौरवर्ण का तेज़ है।

तीव्र हवा से संवाद करती, प्रकाश दान देती, अङ्ग पर्वत कंपन करे, न हो छिद्र मुझमें,
शशि ध्रुव प्रतीत करे, तेजोमय इंद्रवज्र क्षण भर में हमें पराजित करेगा,
भू कण रज रज, तड़ित तेरे रुप से कंपायमान हो रहे, गाना चाहे शांतिगीत।

प्रार्थु में तुझे मत होना तू रौद्र काली चंडिका जैसी, न करना विनाश चिंगारी से,
है विकल वसुधा व्यथा करे, तुझे हुंकारते देख, न चीरना पल्लव मेरा प्रतापी धार से,
वृक्ष शाखाएँ सोचे, न घर्षण हो तुजसे, दावानल वन में प्रसरेगी, भस्म हो जाएगा गहन गीच।

सौम्य प्रेम्य बनी रहना, बादलो को सम्मिलित कर, तू रूपमती गीत गाती आना,
बरसाना अमृत अमी तप्त रत्नगर्भा उर्वी पर, तृप्ति निमित रहना तू नंदनबाग़ की,
सारंग से सींच दिव्य ऊर्जा देना भूतट को, लगे जनगण को उपहार स्वर्ग आभा का।

8. नीरव निशा

मौनी विभावरी आभ की ओढ़नी ओढ़े हुए, तारो की छाया पल्लव में झीले,
श्वेत दिप चन्द्रमा का प्रकटाए आइ, घेर लिया सुधा को सुंदरी निशिता ने,
प्रशांति की मूर्ति शर्वरी को देख, निंद्रारानी मेरे मन मंदिर में प्रवेशे।

विराट व्याप रणक्षेत्र का, शीत रजनी में स्वर्ग सागर बना, रसहीन रेत ने निर्मलता पाई,
विद्रोह कर रही निशा गौरी, उद्वेग न हो दौड़ भाग से, पत्तो की हलचल से,
मन मेरा धीर निश्चल, दंभ द्वेष को विसर गया, चल रहा स्वप्नालय में निश्चेष्ट होकर।

गिरी शिखर ने श्रृंगार किया, चंद्र प्रभा रश्मि से, झरने चमके रजत रंग,
विश्वंभरी अचला के काले केश बनी रात्रि, छाया में जनलोक विश्राम करे,
दिन हलचल की नटखट आकृति, यामिनी माँ प्रकृति का निरुद्विग्न निशब्द रू।

9. प्रकाश

तरंगकण मूल शक्ति, दृश्य जगत का अमर अजर अस्तित्व,
भास्कर ने दीपप्रकटय कर ज्योति वर्षा करी भूमि पर,
प्रकाश से जीवंतता संभावित, अंधकार को पराजित करे।

चन्द्रकिरण, रविप्रभा में तू, निष्तेज धरा को रंग दिए,
निशा में सुप्त निरंजन जगत को, किरणे तेरी ऊर्जान्वित करे,
राजदूत बन उतरा धरा पर, सप्तरंगी सवित रश्मि का दिव्य प्रकाश पुंज।

सत्य में परिवर्तित हो रहा स्वप्न मेरा, जो दृश्य किया था मैने यामिनी की गोद में,
दर्पण में सत्य मेरा, तेरे गुण प्रभाव से उभरा, निंद्रा की सीमा पर तू मेरे नयन को खोल रहा,
अनंत अवधि में, तू निर्बाधित मुक्त मुझे पर्यन्त जागने की प्रेरणा देता रहा।

भयभीत अंधकार की स्तब्धता, सतत प्रतीक्षा तेरे अंशु की करे,
क्षितिज का बंधन नहीं तुझे, शाश्वत आमंत्रण है भू देवी का,
भव की उज्जवल चित्रमय स्मृति पोथी मैने बनाई, लिखा चमकदार

किरणों से।

10. सिंधुसागर

है सिंधु सागर! तुझमें ऐसा क्या है, जो प्रवाहित सरिता वग न बदले अपना !
द्रव कर दिया धरा का स्वर्णरस तरंगिनि ने, धरारस को ले चली संग, समर्पित करने स्व को तुझे,
धरातट की हरियाली से न मोहित, तू नीरनिधि है इस लिए क्या?

तू महासागर, तुझसे ही जन्म लिया, हिंदसागर ने, क्या गंगा भी लधुसागर बन गई !
में विकल हूँ सोच कर, दृढ़ ध्येय उसका तुझ में समाना, नदी का तू नाथ नदीश इसलिए?
सोमसागर में द्रुतगमन करे गोमती, गौरवास्ति त्याग कर, साक्षी है संगम तट इस मिलन का।

व्योम जैसा विस्तृत तू, विभ्रम करे तेरा यह रंग मुझे, पृथ्वी ने घेरा तुझे या फिर तूने समेटा उसे,
नीलाम्बी वर्ण तेरा है की, मेघधनुष ने नीला रंग तुझे दिया, या नदी ले के आई तुंग हिमालय से,

भूगर्भ में हरि शयन करे जिस समुद्र शैया पे,उतना गहन अजन है तू !
मूल अचला का तू जलधि।

अवकाश का स्तब्ध आकर्षण तेरी हलचल को मंद क्यों नहीं कर रहा,
क्षार रिक्त जलरस तेरा, वही मेरे अश्रु का स्वाद है, क्या भीतर मेरे रक्त रत्नाकर खारा है?
विद्रोही स्वाद तेरा नीर ग्रहण कर मत्स्य संपन्न है, साक्षी है पतन के पश्चात पुनःनिर्माण लहरों का निश्चित।

11. सरिता

है सिंधुप्रिया, सरिता, सौम्यता की तू आदर्श है, तेरे पास इतना साहस कैसे,
तू पहाड़ो की कठोर ऊंचाई से, हंस के खिलखिला के, गिरती हुई तरल बनी,
ज्ञात है, धीर है तू, तेरे जीवन का मोड़ आसान नहीं, विलम्बित है मिलन सागर से।

तेरी कोमलता अक्षीण अमर, जलयान आघर्षण किये चले जा रहे,
नित्य निर्भयी निश्चयी तू ,अनश्वर तरल गुण तेरा, न बांध से, न नहर से तू बदले,
विनीत निश्चिंत तू, प्रज्ञ अचिंत नीर के क्षय होने की, तेरा जलभर पनिहारियाँ चली।

उद्गम तेरा उर्ध्वान्चल मूल जड़, अंत तेरा अनंत अविरत अर्णव, यात्रा तेरी अति दुष्कर,
स्वसुख तेरा तरलता में, प्रवाह तेरा देख कल्पित करुँ, यह गति मेरी भी होती,
स्थगित तरु भी सोचे, हमें भी चंचलता, विरलता मिलती, कोई छेदन

करे तो गमन करते।

अवसाद अनुताप नहीं तनिक तुझे, ग्रीष्म में नभ तेरा अमृत का ग्रास
कर लेता,
प्रतिक्षण प्रमोदिता प्रसन्न तू, जलचर अभ्यन्तर तेरे स्वर्गसृष्टि रचे,
कंकण से रत्न खिले,
तेरे जैसी सुगम सहज बनू मैं, क्या मिलेगा मुझे सुखसागर,भवसागर।

12. उत्तुंग पर्वत

भू लोक में ऊंचाई प्राप्त किये, क्षितिपति, क्या नभ तेरे निकट है, स्पर्श किया बादल को?
अनुभूति हुई स्वर्ग की, उर्ध्व स्थापित होके! कठिन लगे मुझे इतना अचल रहना,
आक्षेप मेरा, कठिन है शिखर पाना, पंख नहीं तो साक्षात्कार नहीं तेरे सिंहासन का।

उत्तुंग शिखर तेरा, गगनचर का अवरोध तो नहीं तू, अदित भी जैसे उदय की आज्ञा ले रहे,
स्तब्ध, स्थूल संज्ञा तुझे ऐसे ही नहीं मिली, अडग है तू , आदिकाल से अचल उत्तराँचल में हिमालय,
थोड़ा सा भी सहज होता तू, नदी रूकती तेरे पास, नटखट झरने सरकते नहीं।

निर्वेद, निर्वाक तुझमें स्थित विशाल निराशा में, प्रेम हुआ ही नहीं होगा तुझे,
प्रवेशद्वार नहीं तेरे भोर हृदय में, वर्षा का नीर भी नहीं रुकता पलभर,
सत्ता का क्रूर मोह है तुझे, कोयल के संगीत, मेघधनुष के सौंदर्य से

मोह नहीं तुझे,
ऋणी है तू वैष्णवी का, जो तेरे परिणति शिखर पे शैया करे, सेवक को शरण दे।

13. प्रभु प्रिय पुष्प

चकित हूँ में, प्रकृति कि सौंदर्यता में अभिवृद्धि कर रहे पुष्प को, सुन्दर रंग किसने दिए !

ये इतने प्रतिष्ठित क्यों है, जो ईश्वर के चरण कमल में स्थान प्राप्त कर रहे,
चरणपद उनके पुष्प होने कि उपाधि से मिला! या उसकी मनभावक सुरभि से,
जो देव के भीतर प्रवेश कर जाती है, उस कारण उनकी कंठमाला बन गए।

मृणालिनी सौम्य सागर में तरल है, तभी आसन पद बना नारायणी का,
पुष्पराज मुक्त है, उदारचित्त है, परिमल प्रसारे, उसने बाँधा नहीं अपनी सुवास को,
है उदारता प्रिय ईश्वर को, इसलिए हरि नारायण ने कमल को हस्त में ग्रहण किया।

नयन गम्य शांत रूप, कुसुम कुमुद का देख, मैं समीर को भयभीत

देखूँ,
हवा के स्पर्श का तनिक असर नहीं रूप रंग पर, आत्मसंतोषी विवेकी चरित इसका,
अतएव शिव प्रिय बने, उनके सानिध में सदैव मंदिर में वास किए,
देखूँ।

कृष्णचुड़ सिंदूरी पीले गुलमोहर, इतने उर्ध्व स्थित होते भी न अभिमान करे,
गोरैया, कोयल, शुक अदि के साथ झुककर स्नेह से बात कर रहे,
तभी श्री माधव के मुकुट श्रृंगार बना, व्रजभूमि की राधा के केश सजे।

अखंड मौन से सज्ज, मर्यादा को धारण किये, लाजवंती शनिदेव को क्यों भाए,
विष्णुकांता सुनम्य बनी, विनम्रता उसे माँ दुर्गा के चरण में ले चली,
मेरी आकांक्षा की पुष्प से आत्मसमर्पण का ज्ञान लू, सेवा भाव रखू।

14. सुमना सुवास

मोहक सुमना सुवास, गंधर्वराज के मधुबाग से पवन संग दौड़ी मेरी खिड़की तक,
आती रही महक मेरे मुलायम अंगवस्त्र पर, संध्या तक सोचूँ यह सुगंध छिटकी किसने,
निशि में चन्द्रप्रभा की किरणों में मिल कर मेरे आंगन की रातरानी, मेरे तन मन में बस गई।

देवालय में दिप ज्योति से मेरी याचिका में अनुभूत हुई, मेरे साथ मन में सवार हो घर आई,
लहर बनकर मिल गई परिमल प्रशांत सागर में, सुवास उसकी मोती तक गई,
व्रजविहार में ध्यानस्थ हुई तो, आवरण बनी तू, प्रगंध प्रवात में मिलकर।

सुमना सुन्दर वृन्तपुष्प प्रसिद्ध प्रेम युगलो में, प्रेम प्रतिक, विश्वास का उपहार बने,
क्षीण पर्ण हो रहे, किन्तु सुगंध यथावत रहे, संदेश सार सुरभी का सर्व में स्नेह राग अमर रहे,

अतिमुक्त सुवासिनी, न बंधन करे स्व को पौधे पर्ण से, जहाँ जाए वहाँ प्रसार हो पूर्णभाव से।

15. पौधा

प्रकृति के तारुण्य का आत्मगर्व है हरे पादप पर्ण, पृथ्वी गर्भ धारिणी,
बीज को छिपाए मिट्टी में,
सूर्य प्रकाश भोज उसका, हरा रंग रूप कांति उसकी, जल अर्पित करूँ
तो, नृत्य कर अभिनंदन करे,
स्पर्श समीर से उत्कृष्ट, पत्ता डाली नृत्य करे, वसंत ऋतु की उषा में,
बीज भवर पर सवार हो।

रंगमय ऋतु का अभिनेता लगे गुलमोहर, मलय पवन से पारिजात के
पुष्प धरा पर रंगोली करे,
अंशुमाली की अगणित रश्मियाँ, रविराज के आदेश से बाग़ के पौधों
को उषा में जागने को बोले,
संध्या की सादगी सम वैभवी सुगन्धित चंदन, चन्द्रकिरण को समेटे
हुए, विहंग चकोर का आश्रय बना।

वृक्ष से सुन्दर उसकी छाया, यहाँ मनमयी की प्रतीक्षा माधव करे बंसी
बजाए, प्रेम गीत सारिका गाए,
धरा छेद पर्णी नभ की और वृध्दि किए, आतिथ्यभाव उसका देख,
गौरैया अपना निलय बनाए,

प्रकृतिनंदिनी पुष्पसारा उदारचित सहिष्णु ,नतमस्तक हुए जीव सब,
अनुगृहीत में प्रांगण के तुलसी की।

16. तृषा तृप्ति

अरे! जलपाखी गोता, सागर की गहराई में डूब के क्यूँ प्यासा है,
तृप्ति उसकी रत्नो में लिप्त है, तभी जल उसको शांति न दे पाया,
तरु तुलसी में प्राण है, तृषा है उनको वायु जल की, उर्ध्व गति की।

जीव जगत का बीज तृष्णा, प्रेम प्यास से भरा है बीज, तृप्ति उसका मूल,
क्षुद्र चींटी की भला क्या कोई इच्छा हो सकती है, न दबा पाई कोमल प्रेम भाव को,
फूल का मधुरस पाया चींटी ने तितली के बालू को प्रेम कर, प्यास की तृप्ति जानी।

मनुज का सर्व सुख प्रेम है, आत्मा अंतरंग प्रेम का यत्न करे, शिव सुख प्रेम भक्ति में,
कौतुहल से देख रही मैं, धेनु अपने शिशु को श्वान के प्रहार प्रपंच से बचा रही, तृषा उसकी बछड़ा,
कांति श्रान्ति मैत्रीभाव में, तुष्टि पुष्टि का अखंड आनंद अनुराग में।

अभिलाषा अविरल अविराम है, प्रेमानुराग प्रकृति का अलौकिक भाव, सर्व जीव प्यासा बिन प्रेम भक्ति से, क्षुधा तृषा की शांति प्रेम प्रणय से, लक्ष सप्राण जीना है, तृप्ति पूर्ण जीना है, रंग राग से जीना है, यही सीखा प्रकृति से।

17. रस रंग

सर्दिओ का वसंत में बदलना, देता संकेत फूलो को मधु रस भरने का,
ग्रीष्म में अग्नि वायु रिक्त, सागर द्रव लवण रस प्रसारे तट पर,
मीरा समर्पण किए, पुकारे गिरधर गोपाल को श्रृंगार रस छलके, बांधे घुंघरू जब।

यशोदा ने बांध दिया नंदलाल को, देखते गोपियाँ संग आनंदी राधा हास्य करे,
वियोग प्रतीक्षा में चक्षु राधिका के करुण रस बरसाए, राघव का स्मरण किये,
वीर राणा का चेतक वीर, मिट्टी गौरवी होकर चले चेतक संग,शौर्य उनका शत्रु सेना का छेद करे।

वृक्षपर्णो आक्रोश में युद्ध करे दावानल वन में, हर जीव भीरु विकराल भयानक अग्नि से,
रस प्रिया महामाया प्रकृति, जिसके भीतर सब रस, रस में महाभूत गुणों का संसर्ग,
प्रकृति ही गौरी शिवानी, तप करे, आदि प्रेमरस अनंत शिव में मिला, हुए शिवशक्ति अर्धनारीश्वर।

18. रविराज

वृहद वसुधा पे कांति, रविराज तेरे असीम अंशु धार की,
कोसो दूर ऊंचाई पर सिंहासन ग्रहण किये निहारे संसार सारा,
नश्वर धूप बनी किरणे तेरी, तो छाया शांत, प्रतीति निर्मल धरा पर।

तेरे ताप प्राण से नीर बाष्प बने, ऊँचे नभ के जलधर में जा बसे,
लहराते कृष केश भूतट पर, ऊर्जा तेरी अन्न बना, अन्न से जीव तृप्त,
सौम्य रवि किरणों में नहाके, पुष्प खिले निखरे, पौधे करे सृजन पर्ण का।

रंग सौरभ हरियाई से संपन्न मेरी आश्चर्य सृष्टि के रहस्य तुम ही हो आदितराज,
मर्त्य लोक मूलधन खोजे, अवमूलियत कनक मुद्रा के निधिपति तुम,
सनातन संस्कृति की गरिमा, दिन रात है प्रमाण सूर्य रथ के सप्त अश्व की दैवी गति का।

केन्द्रस्थ भानु तय करे, ग्रह चक्र सौरमंडल में, पृथ्वी का परिपथ तेरे अधीन,

ऋतुचक्र हस्त में धारण किये, जिवंत जन के आत्मकारक, प्राणाधीश,
सूर्य तेरी संध्या हूँ में, दिगदिगंत तक क्षिप्त हूँ, निशि के तामिस्त्र से।

19. सोमराज

अभ्र से सोमराज दिनभर तप्त धरा को, शीत रजनी में चंद्र किरणे
अवनत करे,
श्वेतिमा शशि के पीछे उषा छिपी, मौनी रात्रि ध्यान करे तुषाराद्रि
सोमप्रभा में,
उत्कृष्ट सुंदरी सुता करे स्वपन्न अलंकृत, चकोर अभिसारी प्रेम
कविताएँ रचे।

तारागण उन्नत श्याम स्वर्ग में नृत्य करे, सुधांशु ! तू नृपति निशा का
आश्रित मध्य में,
सौभाग्यवान प्रियदर्शी कर प्रतीक्षा चंद्रकांता की, शशि के उदयकाल
की,
सुंदरता की पराकाष्ठा तेरी, मानक है युवराज की, झाँखी पाए
प्रियसखी की।

भोर नभ के भाल तिलक पर, सुंदर श्वेत तिलक लग रहा पूर्णिमा का तू
इंदु ,
मनोजीत हुए भूलोक में, जिसने सोमरस पिया,
चंद्रगिरि पर प्रतिबिंबित रूप तेरा, बने दर्पण तू कालरात्रि करे श्रृंगार।

कृष्णसागर जलतरंग संगीत गाए, स्मितमय बन सृजन करे दिव्याकाश का,
परिक्रमा करे धूमकेतु वीणा बजाते, मंत्रमुग्ध शुक्र हुए, दूरस्थ शनि अति प्रसन्न,
मुग्ध बनी श्रवण करे तू , मोहक नक्षत्रामणि स्तुतिगानकरे प्रगीत का।

20. समय

परब्रह्म सत्य शिव है, समय, काल परम पूर्ण सत्य,
निश्चिंत काल, न व्याधि बाह्य संजोग की, निरंतर चले जा रहा,
सर्व को समान स्वत्वाधिकार काल ने दिया, अनंतकाल से अनंत
इसका व्याप।

समय है रंगमंच, हमऔर तुम अभिनेता, प्रसंग नाटक है,
सूर्य चंद्र दिन रात नाटक को दृश्य करे, तारे श्रोतागण बने,
अवधि राजा है, इस अंतरिक्ष का, साक्षात्कार अनुभूति पटराणी है।

हम मुर्ख है,असीमित समय को बांधने चले, जैसे क्षितिज पर सूर्य,
भूत,भविष,वर्तमान कालखंड है, मृगजल जैसे,
अंतरिक्ष, समय, ब्रह्म अभिन्न है, शाश्वत संपूर्ण है।

महामानवो ने समय को मापा, टटोला, व्याख्यित किया, नष्ट हो ते
देखा,
समय क्या है, समय अनुत्तरित, निर्व्याख्यित है, विजयी है महाकाल,

पर्यन्त परिवर्तित है जीवन काल से, न चिंता कर खोने की, चक्र है समय, फिर मिलेगा।

21. प्रेमादर्श - पुरुष पराप्रकृति

परब्रह्म सत्य शिव है, समय, काल परम पूर्ण सत्य,
निश्चिंत काल, न व्याधि बाह्य संजोग की, निरंतर चले जा रहा,
सर्व को समान स्वत्वाधिकार काल ने दिया, अनंतकाल से अनंत
इसका व्याप।

पुरुष चेतन प्रकृति जड़, अद्वैत अभिन्न, अजर अमर,
सौंदर्य स्वरूपा त्रिगुणात्मक शक्ति धारणी, संज्ञाशून्य स्तब्ध बिन आदि
पुरुष के,
शिव पुरुष अकाल से बसे, शक्ति शिवा धात्री प्रकृति के कण कण में।

ऋतु में राग पुरुष, रंग विरंगी प्रकृति, नभ पुरुष नारी पृथिवी,
सुर्य पुरुष अनंत प्रकाश, संध्या प्रकृति दिव्य किरण ग्रहण किए,
रत्नाकर पुरुष, निर्झरी प्रकृति रागिनी, प्रतीक्षा किए एक दूजे का।

परमात्मा पुरुष अविनाशी, प्रकृति अविराम सृजनी सृष्टि की,
नैसर्गी निरंता का अस्तित्व परम पुरुष परमात्मा,

प्रेम का पूर्ण रूप ही है, प्रकृति, पुरुष का एकमय होना,
प्रकृति पुरुष ही परमात्मा, परमात्मा से ही जीवन संपूर्ण।